Inhalt

Vergütungsstudien - wie hilfreich ist ein Marktvergleich?

Kernthesen

Beitrag

Fallbeispiele

Weiterführende Literatur

Impressum

Vergütungsstudien - wie hilfreich ist ein Marktvergleich?

I. Lukmann

Kernthesen

- Vergütungssysteme und marktkonforme Gehälter stärken den Bindungswillen guter Mitarbeiter und fördern die Attraktivität im Bewerbermarkt.
- Unternehmen können mit Hilfe von Marktvergleichen die Höhe sowie die Zusammensetzung der eigenen Vergütungsstruktur mit der durchschnittlichen Vergütung des Marktes vergleichen und entsprechend anpassen.
- Viele Vergütungsstudien analysieren vor allem die Individualisierung und

Flexibilisierung von Entgeltbestandteilen und zeigen in ihren Ergebnissen auf, dass der variable Gehaltsbestandteil dabei zunimmt.

Beitrag

Unternehmen haben häufig sehr geringe Spielräume um eine differenzierte Vergütung ihrer Mitarbeiter zu ermöglichen. Dennoch ist ein Trend hin zu einer individuellen Gestaltung von Gehaltspaketen erkennbar. Gerade für Fach- und Führungskräfte werden verschiedene Vergütungssysteme entwickelt. Dies fördert nicht nur die Attraktivität des Unternehmens im Bewerbermarkt, sondern steigert auch die Motivation und den Bindungswillen von Mitarbeitern für und an das Unternehmen. Daher nutzen Unternehmen bei der Gestaltung attraktiver Vergütungssysteme vielfach Vergütungsstudien, um marktkonforme Gehälter auf dem Bewerbermarkt anbieten zu können. Im Rahmen von Vergütungsstudien werden Marktgehälter je nach Branche oder auch Größe des Unternehmens in verschiedenen Positionen auf ihre Gehaltsstruktur und Höhe hin analysiert. Das Unternehmen kann aus den Ergebnissen solcher Studien das eigene Vergütungssystem überdenken und eventuelle Nachbesserungen vornehmen. (14)

Im folgenden Artikel werden zunächst in Vergütungsstudien betrachtete Vergütungsbestandteile erläutert. Daran schließt eine kurze Skizzierung des Nutzens von Vergütungsstudien für Unternehmen an.

Vergütungsbestandteile

Mitarbeiter werden für die Erfüllung ihrer vertraglich geregelten Arbeitsinhalte vergütet. Dieser Betrag wird in der Regel Grundgehalt genannt. Darüber hinaus erhalten Mitarbeiter einen variablen Gehaltsanteil, der sich an ihrer Leistung bzw. am Unternehmensergebnis orientiert. Leitende Angestellte bzw. Angestellte auf oberen Führungsebenen erhalten neben ihrer Grundvergütung auch so genannte Gewinnbeteiligungen oder Gratifikationen. Dabei sind Gewinnbeteiligungen von dem gewinnspezifischen Ergebnis des Unternehmens abhängig. Gratifikationen hingegen beinhalten Sonderzuwendungen, wie zum Beispiel Urlaubs- und Weihnachtsgeld oder Jubiläumszuwendungen. (2)

Variable Vergütung

In einem Zeitraum von 2001 bis 2003 hat eine Untersuchung unter den 500 größten deutschen Unternehmen zum Thema "Individualisierung und Flexibilisierung von Entgeltbestandteilen" ergeben, dass 43 Prozent der befragten Unternehmen inzwischen leistungsabhängig vergüten. Führungskräfte werden sogar zu 79 Prozent leistungsabhängig vergütet. Ein weiterer Trend ist bei der Analyse der Studie deutlich geworden: Die befragten Unternehmen beabsichtigen zu 59 Prozent leistungsabhängige Vergütungsbestandteile in allen Mitarbeitergruppen einzuführen. (14)

Nichtmonetäre Zusatzleistungen

Gerade bei der Betrachtung der variablen Vergütungsbestandteile besteht für deutsche Unternehmen im internationalen Vergleich Nachholbedarf. Zum einen sind die Personalkosten im internationalen Vergleich in Deutschland sehr hoch. Dies gilt vor allem für die Personalzusatzkosten, die in Deutschland einen sehr hohen Anteil ausmachen. Manchmal sind diese Zusatzkosten so hoch wie die eigentlichen Gehaltskosten. Deshalb ist es für Unternehmen häufig sinnvoll, von den betrieblichen Zusatzleistungen stärkeren Gebrauch zu machen. Eine gesunde Mischung aus Barvergütung und nicht-monetären Zusatzleistungen machen für den Arbeitnehmer vor allem in steuerlicher Hinsicht oftmals einen großen Unterschied. Beispiele für unbare Zuwendungen sind: Firmenwagen, Essensgutscheine oder auch Mitarbeiterrabatte. Der Arbeitnehmer muss diese Zuwendungen als geldwerten Vorteil versteuern. Der Vorteil für den Mitarbeiter liegt dabei in einem steuerlich unterschiedlichen Bewertungsansatz. (12)

Was kann aus Marktvergleichen abgeleitet werden?

Unternehmen können ihre Vergütungsstruktur mit Hilfe von entsprechenden Marktvergleichen hinsichtlich der Höhe und der Zusammensetzung vergleichbar machen. Dadurch können die eigenen Personalkosten mit der durchschnittlichen Vergütung des Marktes verglichen werden. Dies ist insbesondere deshalb wichtig, weil Unternehmen ein Interesse daran haben, eine marktgerechte Vergütung zu bezahlen, um nicht oberhalb oder unterhalb des Marktes zu vergüten. Mit steigender Konkurrenz an dem Bewerbermarkt sind klare

Vergütungssysteme ein entscheidender Wettbewerbsvorteil. Unternehmen können sich auf diese Weise als attraktiver Arbeitgeber am Markt positionieren.

Vergütungsstudien werden für verschiedene Branchen, in unterschiedlichen Größenordnungen zum Beispiel hinsichtlich der Anzahl an Mitarbeitern oder Umsatzgrößen etc. erhoben. Anschließend werden statistische Auswertungen der Vergütungsstrukturen vorgenommen. Diese zeigen auf, inwieweit für das Unternehmen Handlungsbedarf bzw. Korrekturbedarf der eigenen Vergütungssystematik besteht. Häufig werden bei diesen Auswertungen die betreffenden Positionen des zu untersuchenden Unternehmens anhand ihrer Stellenwertigkeit bewertet und diese dem Jahresgesamtgehalt gegenübergestellt. Werden alle Positionen des Unternehmens nach diesem System im Sinne ihrer Stellenwertigkeit dem Gehalt gegenübergestellt entsteht auf diese Weise eine Abbildung mit allen Gehalts-Stellenwertpunkten sowie deren zugehörigem Einzeldaten. Eine Trendlinie des Unternehmens im Vergleich zu einer Trendlinie des Marktes zeigt dabei auf, ob das Unternehmen in bestimmten Positionsbereichen unterhalb des Marktes oder oberhalb des Marktes vergütet. Gerade bei erfolgskritischen Positionen kann durch eine Änderung der Vergütungsbestandteile oder -höhe eine nachhaltige Mitarbeiterbindung an das Unternehmen erreicht werden. (3)

Kopplung der Vergütungsbestandteile an die Performance

Variable Vergütungsbestandteile sind in Deutschland weiterhin auf dem Vormarsch. Vor allem auf höheren Führungsebenen haben sich variable Gehaltsbestandteile etablieren können. So erhalten bereits 70 Prozent aller angestellten Geschäftsführer variable Anteile am Gehalt. Auch auf der zweiten Führungsebene erhalten 61 Prozent der Mitarbeiter variable Anteile. Die Höhe des variablen Anteils am Gehalt wird in der Regel anhand der Leistung des Mitarbeiters oder des Unternehmens gemessen. Für die individuelle Leistung werden häufig Zielvereinbarungen genutzt. Die Erreichung dieser quantitativen und auch qualitativen Zielsetzungen definiert die Höhe des variablen Gehaltsanteils. (2)

Beispiel Performance-System in

Non-Profit-Organisationen (NPOs)

Non-Profit-Organisationen haben ganz eigene Vergütungssysteme. Ein zentraler Fokus der NPOs liegt auf der Betrachtung von Zielgerichtetheit. Im Unterschied zu For-Profit-Organisationen (FPOs) haben NPOs auch nicht-monetäre Zielsetzungen. Diese sind beispielsweise politischer, sozialer oder religiöser Art. Dies bedeutet, dass auch die NPO ihre Mitarbeiter auf Ziele hin ausrichten bzw. auf ihre Zielerreichung hin überprüfen kann. Dabei wird ein so genanntes Performance Management System genutzt, für dessen Umsetzung die jeweiligen Führungskräfte der NPO verantwortlich sind. Ein Performance Management soll die Mitarbeiter extrinsisch sowie intrinsisch motivieren und an das Unternehmen binden. Extrinsische Anreize sind dabei von außen gesetzte monetäre Anreize wie zum Beispiel das Grundgehalt, Short Term Incentives (Boni), Long Term Incentives (Aktienoptionen) oder auch Nebenleistungen (betriebliche Altersvorsorge). Die intrinsische Motivation des Mitarbeiters wird über die emotionale Bindung erreicht. Dies fördert auch die originären Zielsetzungen einer NPO. Die Vergütung der intrinsischen Komponente kann schwer gemessen werden, kann jedoch eine geringe Vergütung im Sinne eines gesamten "Rewards" für einen Mitarbeiter überkompensieren. Dennoch sollte ein sinnvolles Verhältnis zwischen den

Vergütungskomponenten bestehen. (7), (8), (12)

Fallbeispiele

Die 9 000 Mitarbeiter der Clariant GmbH hat bereits 1998 ein innovatives Vergütungs- und Bonussystem für ihre leitenden Angestellten eingeführt. Im Jahre 2000 ist das System auch auf die außertariflichen Mitarbeiter ausgeweitet worden. Das neue Vergütungs- und Bonussystem basiert auf den so genannten Zieleinkommen. Dabei werden für jedem Bereich und jeden Mitarbeiter je nach Verantwortungsbreite und Beeinflussbarkeit des Zieles individuelle Zielvereinbarungen getroffen. Der Fokus dieser Zielvereinbarungen liegt dabei auf dem Erreichen von Finanz- und Individualzielen. Damit sind die Ziel-Einkommen direkt mit der Erreichung der Unternehmensziele verbunden. Dabei werden beispielsweise Kennzahlen wie EBIT (earnings before interest and tax) oder ROS (return on sales) als Maßstäbe der Zielerreichung herangezogen. Der Grad der Beeinflussbarkeit kann beispielsweise durch die Gewichtung des Zieles konkreter definiert werden. (6)

Weiterführende Literatur

(1) O.V., Deutsche Bank liegt weiterhin klar vorn - Vorstände von Konzernen verdienen laut Vergütungsstudie immer mehr, Wiesbadener Kurier, Main-Taunus-Kurier, 17.10.2006
aus HANDELSBLATT online 20.5-.8-03 12:30:00

(2) Vergütung
aus Arbeit und Arbeitsrecht, Heft 2/2005, S. 90

(3) Büroleiter unterbezahlt im Vergleich zur Putzfrau?
aus Immobilienwirtschaft, Heft 06/2006, S. 18

(4) Neue Details zu Vergütungsstudie
aus Versicherungsjournal.de, Ausgabe vom 20.08.2004
: http://www.versicherungsjournal.de/mehr.php?Nummer=20209

(5) Vergütungsstudie Krankenhausmanager - Unterm Chefarzt
aus Stuttgarter Zeitung, 15.11.2003, S. 0

(6) Vergütung - Neues Entgeltsystem für außertarifliche Mitarbeiter
aus Arbeit und Arbeitsrecht, Heft 12/2000, S. 580 - 581

(7) Performance Management in Nonprofit-Organisationen
aus Zeitschrift für Personalforschung (ISSN 0179-6437). 21. Jg., Heft 1 2007, S. 70-75

(8) Entwicklungsdynamik von Vergütungssystemen in Nonprofit-Organisationen
aus Zeitschrift für Personalforschung (ISSN 0179-6437). 20. Jg., Heft 4 2006, S. 356-374

(9) Variable Vergütung ist im Wandel
aus PERSONALmagazin, Heft 09/2006, S. 46

(10) Deutschland top bei variabler Vergütung
aus Personal Nr. 04 vom 01.04.2006 Seite 035

(11) Variable Vergütung auch in unteren Hierarchieebenen
aus PERSONALmagazin, Heft 04/2006, S. 57

(12) Vergütung, die ankommt
aus Personal Nr. 12 vom 01.12.2005 Seite 014

(13) Trend zu Variabler Vergütung
aus Personal Nr.06 vom 01.06.2005 Seite 057

(14) Vergütung mit Zukunft
aus Personal Nr.05 vom 01.05.2005 Seite 026

Impressum

Vergütungsstudien - wie hilfreich ist ein Marktvergleich?

Bibliografische Information der deutschen Nationalbibliothek

Die Deutsche Nationalbibliothek verzeichnet diese Publikation in der deutschen Nationalbibliografie; detaillierte bibliografische Daten sind im Internet über http://dnb.d-nb.de abrufbar.

ISBN: 978-3-7379-0200-7

© 2015 GBI-Genios Deutsche Wirtschaftsdatenbank GmbH, Freischützstraße 96, 81927 München, www.genios.de

Alle Rechte vorbehalten. Dieses Werk ist einschließlich aller seiner Teile – z.B. Texte, Tabellen und Grafiken - urheberrechtlich geschützt. Jede Verwertung außerhalb der Grenzen des Urheberrechtsgesetzes bedarf der vorherigen Zustimmung des Verlags. Dies gilt insbesondere auch für auszugsweise Nachdrucke, fotomechanische Vervielfältigungen (Fotokopie/Mikroskopie), Übersetzungen, Auswertungen durch Datenbanken oder ähnliche Einrichtungen und die Einspeicherung und Verarbeitung in elektronischen Systemen.